この本の見方

どんなもの？

どうぐやせつびが
どんなものか、どんなときに
やく立つのかがわかるよ。

JN017411

やくわり...

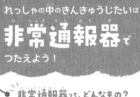

れっしゃの中のきんきゅうじたいは
非常通報器で
つたえよう！

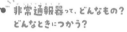

非常通報器って、どんなもの？どんなときにつかう？

れっしゃの中にある非常通報器は、
助けがひつようなときや、**じけんや、じこがおきたとき**などに
うんてんしさんや、しゃしょうさんに
つたえるためのそうちです。
ボタンをおしてつかいます。

たとえばこんなとき

ぐあいがわるくなった人がいる！

あやしいものがおいてあって、えきたいやにおいがもれている！

非常通報器を見てみよう

スピーカー
つうほうボタンをおすと、うんてんしさんやしゃしょうさんの声がここから聞こえる。

つうほうボタン
カバーがある場合はカバーをあけてボタンをおして知らせる。

カバーをあけたところ。

ボタンをおして知らせるだけで、話はできないタイプの非常通報器もあるよ。

SOSマークをさがそう！
非常通報器の本体や、その近くには、「SOS」という文字と、ボタンをおすゆびのマークがついています。

マイク
ここにむかってはっきりと大きな声で話して、れんらくをとる。

「じゅうよう！」マーク

つかうときに
とくにじゅうような
ぶぶんには、
このマークが
ついているよ。

じゅうよう！

どうぐのつかい方

どうやって
つかうのか、
つかうと
どうなるのかが
わかるよ。

どこにある？

どうぐやせつびがどこにあるか
しょうかいしているよ。

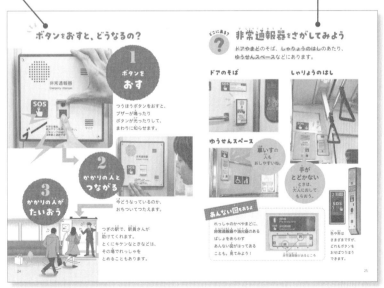

ボタンをおすと、どうなるの？

1 ボタンをおす
つうほうボタンをおすと、ブザーが鳴ったりボタンが光ったりして、まわりに知らせます。

2 かかりの人とつながる
今どうなっているのか、おちついてつたえます。

3 かかりの人がたいおう
つぎの駅で、駅員さんが助けてくれたり、とくにケンなときなどは、その場でれっしゃをとめることもあります。

非常通報器をさがしてみよう

ドアやまどのそば、しゃりょうのはしのあたり、ゆうせんスペースなどにあります。

ドアのそば

しゃりょうのはし

ゆうせんスペース
車いすの人もおしやすいね。

手がとどかないときは、大人におしてもらおう。

あんない図もあるよ
れっしゃのかべやまどに、非常通報器や消火器のあるばしょをあらわすあんない図がはってあることも、見てみよう！

色や形はさまざまですが、どれもボタンをおせばつうほうできます。

はじめに

もしも、町の中できんきゅうじたいがおきて、

助けをよびたいときは、どうすればよいでしょうか。

スマホがないとき、つながらないときには、

町の中にある「公衆電話」がやくに立ちます。

駅のホームやれっしゃの中には、

「非常停止ボタン」や「非常通報器」があります。

しんぞうがせいじょうにうごかなくなってしまった人の

いのちを助けるのにやくだつ「AED」というどうぐも、

町のいろいろなところにそなえられています。

どこにあるのか知っておくことが大切です。

この本では、もしものときにつかうかもしれない

どうぐやせつびのつかい方をしょうかいします。

ただし、けっしていたずらでさわらないこと。

そして、子どもだけでつかうのがむずかしいものは

かならず大人といっしょにつかうことを

おぼえておいてください。つかい方を学んで、

いざというときに自分のみをまもったり

人のいのちを助けたりできるようになりましょう。

こどものための

もしも
マニュアル

「きんきゅうじたいにつかうもの」がわかる本

② 町の中 編

佐藤 健 監修

理論社

町の中で きんきゅうじたい がおきた！

どうすれば
いい？

スマホが
つながらないけど
れんらくを
とりたいときは

公衆電話をつかう

➡6～11ページ

人がたおれていて
いしきが
ないときは

AEDをもってくる

➡12～17ページ

駅のホームから
おちた人がいたら

非常停止ボタンをおす
➡ 18 〜 21 ページ

電車の中に
あやしいものが
あったら

非常通報器で知らせる
➡ 22 〜 25 ページ

こうそくどうろで
じこにあったら

非常電話でれんらくする
➡ 28 〜 31 ページ

キケンな目にあって
助けを
よびたいときは

ぼうはんブザーを鳴らす
➡ 32 〜 34 ページ

スマホがない、つながらないときは
公衆電話で
れんらくしよう！

公衆電話って、どんなもの？

町の中の目につきやすいところにあって、
だれでもつかえる電話です。10円玉か100円玉、
またはテレホンカードを入れると、電話をかけることができます。

公衆電話が
とりつけてある
小さなたてものは
「電話ボックス」
というんだ。

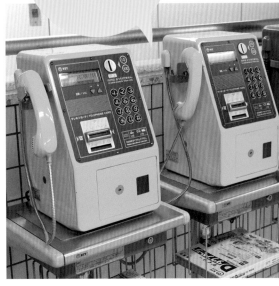

公衆電話は
駅や公園などに
あるよ。

公衆電話を見てみよう

じゅうよう！

じゅわき

手にとり、**耳と口にあてて**あいての声を聞いたり話したりするところ。

こうかとうにゅう口

こうか（お金）を入れるところ。

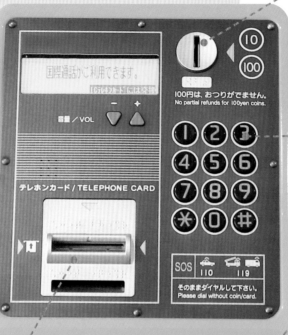

国際通話がご利用できます。
ICテレホンカードには未対応

音量／VOL

テレホンカード／TELEPHONE CARD

100円は、おつりがでません。
No partial refunds for 100yen coins.

SOS 110 119

そのままダイヤルして下さい。
Please dial without coin/card.

ダイヤルボタン

電話ばんごうをおすボタン。

へんきゃく口

お金がかえってくるところ。

少し形がちがう公衆電話や、グレーの公衆電話もあるよ。

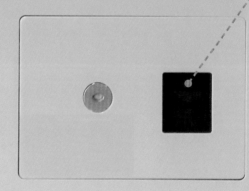

テレホンカードとうにゅう口

テレホンカードを入れるところ。

テレホンカードって何？

テレホンカードは、お金のかわりにつかえる、公衆電話せんようのカードです。

公衆電話のつかい方を知っておこう①
けいさつやしょうぼうにかける

1 じゅわきをとる

2 ボタンをおす

じゅわきをとると、
「ツー」と音がします。

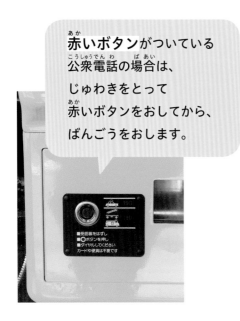

赤いボタンがついている
公衆電話の場合は、
じゅわきをとって
赤いボタンをおしてから、
ばんごうをおします。

けいさつは
110番

しょうぼうは
119番

お金やテレホンカードは、いりません。
ボタンをおして、つながったら話をします。

110番や119番では、どんなことをきかれるの？

 110番に電話すると… ➡ **けいさつ**につながるよ

> 110番、けいさつです。

❶じけんですか？ じこですか？

❷それはいつのことですか？

❸ばしょはどこですか？

❹はんにんのとくちょうや、じこのないようを
教えてください。

❺今、どうなっていますか？

❻あなたの名前やれんらく先を教えてください。

 119番に電話すると… ➡ **しょうぼう**につながるよ

> 119番、しょうぼうです。

❶かじですか？
きゅうきゅうですか？

❷しょうぼう車やきゅうきゅう車が
むかうじゅうしょを教えてください。

❸どうしましたか？
かじの場合 ➡ 何がもえているか
きゅうきゅうの場合 ➡ ケガやびょうきのようす

❹あなたの名前やれんらく先を教えてください。

公衆電話のつかい方を知っておこう②
かぞくにれんらくする

ツー

1 じゅわきをとる

2 お金を入れる

じゅわきをとると、「ツー」と音がします。

いざというときのために、10円玉や100円玉、テレホンカードをもっておきましょう。

10円玉か100円玉、または、テレホンカードを入れます。

3 ボタンをおす

電話ばんごうのボタンをおして、つながったら話します。

「さいがい用でんごんダイヤル」で、メッセージをのこそう！聞こう！

大きなじしんなどがおきたときには、
電話がつながりにくくなります。そんなときは
「さいがい用でんごんダイヤル」で、メッセージの
やりとりができます。公衆電話をつかって、
ろくおんしたり聞いたりすることができます。

ろくおんするときは…	でんごんを聞くときは…
公衆電話のじゅわきをとる。	公衆電話のじゅわきをとる。
⬇	⬇
お金やテレホンカードを入れて 1 7 1 をおす。	お金やテレホンカードを入れて 1 7 1 をおす。
⬇	⬇
1 をおす。	2 をおす。
⬇	⬇
家の電話や、かぞくのけいたい電話のばんごうをおす。	家の電話や、かぞくのけいたい電話のばんごうをおす。
⬇	⬇
あんないをよく聞いて、自分の声をろくおんする。	ろくおんされているでんごんを聞く。

※お金やテレホンカードは、ろくおんしたり、でんごんを聞いたりしたあと、もどってきます。
※お金やテレホンカードを入れずに171をおしただけでつながる公衆電話もあります。

いのちを助けるために
AEDのことを
知っておこう！

AEDって、どんなもの？

しんぞうが、いつもどおりにうごかなくなってしまったとき、
電気ショックをあたえて、
もとどおりにうごくようにするきかいが、AED です。
たおれている人が、ふだんどおりのこきゅうをしていなかったら、
しんぞうマッサージをして、AED をつかいます。

たおれている人がいたら…

だれか来てください！
人がたおれています！

まずは
大きな声で
助けをよぼう！
AED は大人に
つかってもらうよ。

※ AEDは、おいしゃさんやかんごしさんではないふつうの人でも、つかえるどうぐです。

AEDを見てみよう

色や形がちがう
AEDもあるよ。

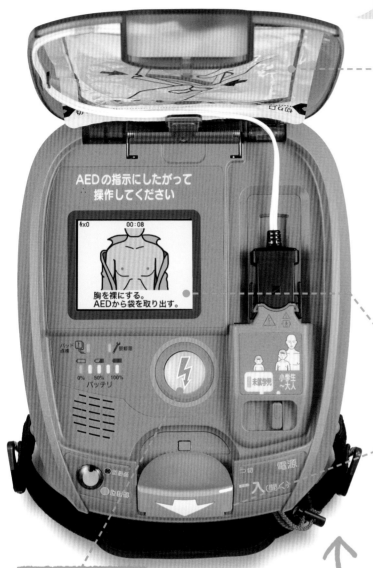

AEDの指示にしたがって
操作してください

胸を裸にする。
AEDから袋を取り出す。

でんきょくパッド

体のじょうほうを
とりこんで、電気を
ながすためのパッド。
ふくろから出して
つかう。

えきしょうがめん

つかい方が
ひょうじされる。

でんげんスイッチ

スライドさせると、
フタがあいて
でんげんが入る。

**フタを
あけると…**

ショックボタン

電気ショックをあたえる
ためのボタン。

ショックボタンがない AED もある！
このマークがついている AED には、
ショックボタンがありません。
じどうで電気ショックをあたえます。

AUTO
SHOCK
オートショック

13

? AEDをさがしてみよう

たくさんの人がやってくるばしょには、
AEDがおかれていることが多いです。

駅・くうこう

大きな駅の、
かいさつ口の近く
などにあるよ。

学校

ろうかや
しょくいん室に
おかれている
場合もあるよ。

交番・しょうぼうしょ

これは、
AEDがあることを
知らせる
マークだよ。

コンビニ・デパート・
ショッピングモールなど

コンビニなら
24時間あいて
いるから、
いつでも
つかえるね！

ほかにAEDがよくおかれているのは、びょういんや
クリニック、としょかん、こうみんかん、大きな会社などです。

みぢかなばしょの
AEDマップをつくろう！

家や学校の近くで見つけた AED のばしょを
地図にまとめて、「AED マップ」をつくってみましょう。
これを見れば、AED がひつようになったとき、
すぐにとりに行けますね。

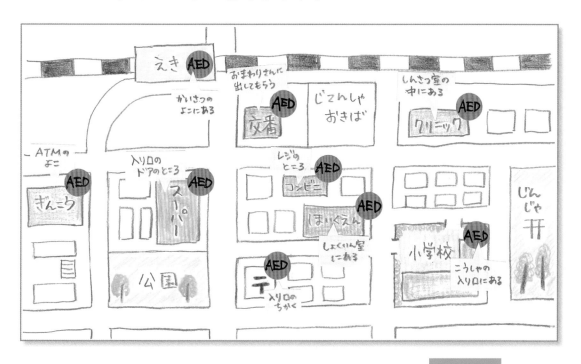

AED をつかうと、
こんなにいのちが助かる！

しんぞうがとまってしまったとき、
すぐにしんぞうマッサージをして
AED をつかうと、より多くの人の
いのちが助かります。
AED をすばやく見つけて、
早くつかうことが大切です。

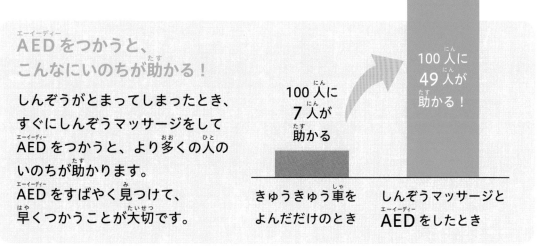

100人に
7人が
助かる

100人に
49人が
助かる！

きゅうきゅう車を
よんだだけのとき

しんぞうマッサージと
AED をしたとき

出典：消防庁『令和 4 年版 救急救助の現況』

AEDのつかい方を知っておこう

1 でんげんを入れる

フタをあけると、じどうてきにでんげんが入ります。

※ボタンをおしてでんげんを入れるAEDもあります。

2 パッドをはる

音や絵のガイドにしたがって、そうさします。

でんきょくパッドをはったら、すぐに体からはなれます。

3 ボタンをおす

電気ショックをするときは、たおれている人の体にふれてはいけません。

はなれてください！

ガイドにしたがって、ひつようがあればショックボタンをおします。

16

「きゅうめいこうしゅう」で AEDをつかってみよう！

ちいきのしょうぼうしょなどでは、
「きゅうめいこうしゅう」がおこなわれていて、
小学生もさんかできる場合があります。

※きゅうめいこうしゅうに
さんかできるのは、
だいたい小学校高学年
からです。

しょうぼうしさんや
ボランティアの人が、
いのちを助ける
ほうほうを
教えてくれるよ。

トレーニング用の
AED で
れんしゅうしよう。

やり方を
教えてもらって、
しんぞう
マッサージに
ちょうせん！

駅のホームでキケンをかんじたら
非常停止ボタンで
れっしゃをとめよう!

非常停止ボタンって、どんなもの？どんなときにつかう？

せんろにキケンがあることを、駅員さんや
れっしゃのうんてんしさんに、知らせるためのボタンです。
ホームからせんろに、人や大きなにもつがおちてしまうなど、
れっしゃをとめないとあぶないときに、つかいます。

**自分で
なんとかしようとして、
せんろにおりるのは
ぜったいにダメ！
駅員さんを
まちましょう。**

※ボタンは子どもの手がとどかない高さにあることが多いので、
まわりの大人におしてもらいましょう。

非常停止ボタンを見てみよう

キケンに気がついたとき、すぐに見つけられるように、色やひょうしきで目立つようにしてあります。

じゅうよう！

ボタン

赤いボタンをしっかりと**強くおすと、**駅員さんやれっしゃにじょうほうがつたわる。

本体

遠くからでも目立つように、黄色いものが多い。

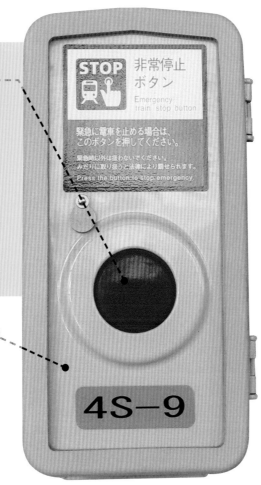

ひょうしき

非常停止ボタンがあるばしょをしめすひょうしき。

形がちがっても、つかい方は同じ！

非常停止ボタンの形は、てつどう会社や駅によって少しちがうものもありますが、つかい方は同じです。キケンをかんじたらボタンをおしましょう。

ボタンをおすと、どうなるの？

ビーッ

非常停止ボタン
STOP
Emergency
train stop button

緊急に電車を止める場合は、
このボタンを押してください。

緊急時以外は扱わないでください。
みだりに取り扱うと法律により罰せられます。
Press the button to stop emaergency.

ボタンをおす

駅員（えきいん）さんに
知（し）らせるために、
ランプが光（ひか）ったり、
けいほうブザーが
鳴（な）ったりします。

駅員（えきいん）さんが来（く）る

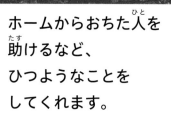

ホームからおちた人（ひと）を
助（たす）けるなど、
ひつようなことを
してくれます。

れっしゃがとまる

ボタンをおすと
しんごうが
かわるので、
れっしゃが
きんきゅうていし
します。

非常停止ボタンを さがしてみよう

駅のホームのはしらやかべ、ホームドアなどに
とりつけられています。

ホームのはしら

目を引く
ひょうしきで、
どこにあるか
すぐにわかるね。

ホームと
せんろの間にある
ホームドアの上に
はっけん！

ホームドア

こんなボタンもあるよ！

駅のホームには、
「駅係員よびだしインターホン」が
もうけられていることもあります。
せんろにものをおとしたときなどに、
駅員さんと話をすることができます。

れっしゃの中のきんきゅうじたいは
非常通報器で
つたえよう！

非常通報器って、どんなもの？ どんなときにつかう？

れっしゃの中にある非常通報器は、
助けがひつようなときや、じけんや、じこがおきたときなどに
うんてんしさんや、しゃしょうさんに
つたえるためのそうちです。
ボタンをおしてつかいます。

非常通報器を
さわってよいのは、
きんきゅうの
ときだけ！

たとえば
こんなとき

ぐあいがわるくなった
人がいる！

あやしいものが
おいてあって、
えきたいや
においが
もれている！

非常通報器を見てみよう

スピーカー

つうほうボタンをおすと、
うんてんしさんや
しゃしょうさんの声が
ここから聞こえる。

つうほうボタン

カバーがある場合は
カバーをあけて
ボタンをおして
知らせる。

じゅうよう！

カバーをあけたところ。

非常通報器
Emergency intercom

SOS

通報ボタン

非常の場合、上の
通報ボタンを押して下さい。
通報ランプが点灯し、
乗務員と通話できます。

マイク

ボタンをおして
知らせるだけで、
話はできないタイプの
非常通報器もあるよ。

SOSマークをさがそう！

非常通報器の本体や、その近くには、
「SOS」という文字と、ボタンをおす
ゆびのマークがついています。

マイク

ここにむかって
はっきりと大きな声で話して、
れんらくをとる。

ボタンをおすと、どうなるの？

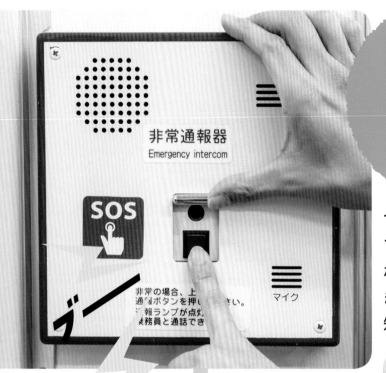

1 ボタンを おす

つうほうボタンをおすと、
ブザーが鳴ったり
ボタンが光ったりして、
まわりにきんきゅうじたいを
知らせます。

2 かかりの人と つながる

今どうなっているのか、
おちいついてつたえます。

3 かかりの人が たいおう

つぎの駅で、駅員さんが
助けてくれます。
とくにキケンなときなどは、
その場でれっしゃを
とめることもあります。

どこにある? ? 非常通報器をさがしてみよう

ドアやまどのそば、しゃりょうのはしのあたり、
ゆうせんスペースなどにあります。

ドアのそば

しゃりょうのはし

ゆうせんスペース

車いすの
人も
おしやすいね。

手が
とどかない
ときは、
大人におして
もらおう。

あんない図もあるよ

れっしゃのかべやまどに、
非常通報器や消火器のある
ばしょをあらわす
あんない図がはってある
ことも。見てみよう!

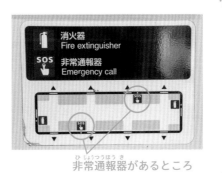

消火器
Fire extinguisher

SOS 非常通報器
Emergency call

非常通報器があるところ

色や形は
さまざまですが、
どれもボタンを
おせばつうほう
できます。

れっしゃの中で
キケンからみをまもるには？

キケンに早く気づくには…

ゲームやスマホに
むちゅうにならない！

ゲームやスマホにむちゅうに
なっていたり、イヤホンをして
まわりの音が聞こえない
じょうたいでいたりすると、
キケンに気づけません。

まわりの
へんかに
すぐ気づける
ようにしよう！

あんぜんに避難するには…

車内アナウンスを
しっかり聞く！

れっしゃの中にいると
キケンな場合は、
車内アナウンスにしたがって、
外に避難することになります。
非常用ドアコックのあるばしょも
たしかめておきましょう。

➡ 27 ページ

れっしゃやバスの
いろいろなそうちを見てみよう！

れっしゃの非常用ドアコック

れっしゃの外に避難するときに、
手でドアをあけしめするための
そうちです。カバーをあけ、
中のレバーを引いてつかいます。

ふみきりの非常ボタン

ふみきり内に人や車が
とりのこされているなど、
いじょうがあったときに、
ボタンをおして知らせます。

バスの非常ブレーキ

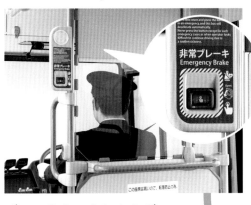

バスのうんてんしさんが、
きゅうにうんてんできない
じょうたいになったときに、
ボタンをおして、バスをとめます。

ボタンをおすと光る！

こうそくどうろでじこにあったら
非常電話で
れんらくしよう！

非常電話って、どんなもの？

こうそくどうろで、じこにあったり、車がこしょうして
うごかなくなったりしたときに、助けをよぶための電話です。

**とびらを
あけると…**

じゅわきの
マークの
みどり色の
ひょうしきが、
非常電話の
めじるしだよ。

東北道 10.5

非常電話
SOS

受話器を取り上げると係員が出ます
から用件をお話ください。

Lift up the handset to have a response
from a control center and tell your
purpose of calling.

非常電話は、どこにつながるの？
つながる先は、どうろかんせいセンター。
こうそくどうろを見まもり、じょうほうを
あつめて、車がいつもあんぜんに
通行できるようにするところです。

非常電話を見てみよう

公衆電話とちがって、電話ばんごうをおすための
ダイヤルボタンはついていません。

じゅうよう！

じゅわき

じゅわきをとると、
お金を入れなくても
つながります。

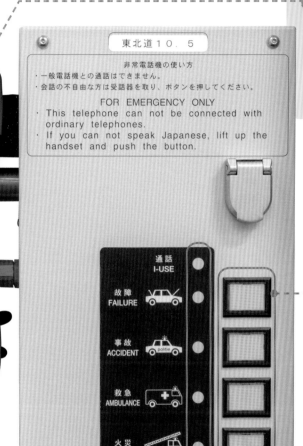

東北道１０．５

非常電話機の使い方
・一般電話機との通話はできません。
・会話の不自由な方は受話器を取り、ボタンを押してください。

FOR EMERGENCY ONLY
・ This telephone can not be connected with
  ordinary telephones.
・ If you can not speak Japanese, lift up the
  handset and push the button.

通話
I-USE

故障
FAILURE

事故
ACCIDENT
politie

救急
AMBULANCE

火災
FIRE

ボタン

話ができないときは
このボタンを
おすだけで、
ひつようなところに
れんらくできます。

ランプ

じゅわきをとると、
いちばん上の
「通話」のランプが光って、
つかえるようになります。

こうそくどうろで
助けをよぶときは、
まわりのあんぜんに
じゅうぶん
ちゅういしよう！

**４つのボタンの
いみをチェック！**
故障…こしょうしたとき
事故…じこがおきたとき
救急…きゅうきゅう車を
　　　よびたいとき
火災…しょうぼう車を
　　　よびたいとき

非常電話のつかい方を知っておこう

1 はこを あける

助けをよびたいときは非常電話と書かれたはこをさがして、とびらをあけます。

2 じゅわきをとって 話す

じゅわきをとって、かかりの人につながったら今どうなっているかをつたえましょう。

どこから電話しているかは、**じどうてきにつたわる**しくみになっています。

うまく話せないときは…

話ができないときや、ことばでせつめいするのがむずかしいときは、その場に合ったボタンをおして助けをよびます。

どこにある？ 非常電話をさがしてみよう

どうろのわきや、ドライブ中にきゅうけいするための
サービスエリアなどにあります。

どうろのわき

サービスエリア

トンネルの中

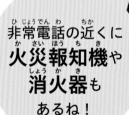
非常電話の近くに
火災報知機や
消火器も
あるね！

けいたい電話をもっていたら…

#9910（どうろきんきゅうダイヤル）に
電話をすると、どうろかんせいセンターに
つながります。

トンネルの中は
車の通る音で
さわがしいので、
ドアでしきられている
こともあるよ。

31

キケンをかんじたときは
ぼうはんブザーを
鳴らして知らせよう！

ぼうはんブザーはどんなときに鳴らす？

「こわいな」「おかしいな」と思ったときは、
まよわずに、早めにぼうはんブザーを鳴らしましょう。
あやしい人につかまってしまってから鳴らすのでは、
まにあいません。

たとえば
こんなとき

おかあさんが
じこにあったから
びょういんに
つれていって
あげるよ。

どうがのさつえいに
きょうりょくして
くれないかな？

ぼうはんブザーを見てみよう

スピーカー
ここから大きな音が出ます。

フック
ランドセルやかばんにキーホルダーのようにひっかけられます。

スイッチピン
このぶぶんが本体からぬけると、大きな音が鳴ります。スイッチピンがかんぜんにぬけないタイプもあります。

こていベルト
ランドセルの持ち手などにまきつけて、かんたんにとれないようにします。

ストラップ
じゅうよう！

キケンをかんじたらひもを**ひっぱって**ブザーを鳴らす。

いろんな色や形のぼうはんブザーがあるよ！

ストラップにかざりがついているね。

スイッチボタン

ボタンをおして鳴らすこともできるよ。

ぼうはんブザーのつかい方を知っておこう

1 ストラップを**ひっぱる**

2 大きな音が**鳴る**

グイッ！

ビーッ

ストラップを、
グイッと強くひっぱります。

> ボタンをおして鳴らす
> ぼうはんブザーもあるよ。

スイッチピンが本体からぬけると、
大きな音が鳴ります。
いそいで人がいるほうへにげましょう。

電池切れにちゅうい！

1か月に1回くらい、**きちんと鳴るか
どうか**たしかめましょう。電池が切れたら、
おうちの人にこうかんしてもらってね。

外を歩くときはまわりをよく見て
あぶないばしょには近づかない!

あぶないばしょって、どんなところ?

人から
見えにくい
ところ

人が
少ない
ところ

友だちと
わかれて、
ひとりになる
ところ

ガードレールが
ないところ

**使われて
いない**
家やたてものが
あるところ

あんぜんのあいことば 「いかのおすし」

いか ない…… 知らない人に
ついていかない。

の らない……… 知らない人の
車にのらない。

お おごえを出す…… 「助けて!」と
大声を出す。

す ぐにげる……… 大人のいるところに
すぐにげる。

し らせる………… おうちの人や先生に
何があったか知らせる。

避難するばしょや キケンなばしょがわかる ぼうさい

ぼうさいピクトグラムは、さいがいからいのちをまもるために
避難するばしょや、そのばしょでおきやすい**さいがいのしゅるい**を
わかりやすくしめしたマークです。

● 避難するばしょには…

避難するばしょにきめられているところには、
このようなひょうしきがあります。

> 〇のしるしが
> ついている
> さいがいのときは、
> ここに
> 避難できるよ。

〇〇小学校
〇〇 elementary school

避難場所
Evacuation area

避難所
Evacuation shelter

〇〇市

洪水 Flood from rivers		〇
高潮 / 津波 Storm surges/Tsunami		〇
土石流 Debris flow		〇
崖崩れ・地すべり Steep slope failure, landslide		
大規模な火事 Fire disasters		

> 避難する
> ばしょをあらわす
> **みどり色**のマーク

> 避難所は
> たてものがあって
> **避難生活**が
> できるところ
> だよ。

> さいがいの
> しゅるいを
> あらわすマーク

ピクトグラムを知ろう！

さいがいのキケンがあるちいきには…

さいがいがはっせいするキケンがあるちいきをあらわすのは、
黄色い三角のマークです。

津波注意
Warning
津波警戒区域
Tsunami hazard zone

○○市
崖崩れ注意
Warning
土砂災害警戒区域
Steep slope failure,
landslide hazard zone

土石流注意
Warning
○○市

土砂災害警戒区域
Debris flow hazard zone

こんなひょうしきもあるよ！

洪水
Flood from rivers
350m
避難場所　自治会館
Evacuation area　Community center

やじるしが
ついている！

丘の上公園
Okanoue park
地盤の高さ　海抜45m

マークに
つなみの
イラストが
あるね。

避難するばしょまでの
きょりとほうこうをしめしています。

つなみからみをまもれる
高いところなどをしめしています。

まずは 助け

まわりに人がいるときは…

大人に声をかけて助けてもらおう！

近くにいる大人に、何があったのかを
せつめいして、助けてもらいます。
けいさつやしょうぼうへのれんらくなど、
自分にもできることがあれば、
手つだいましょう。

助けて！

まわりに人がいないときは…

大きな声で助けをよぼう！

「助けて！」「だれか来てください！」と
さけんで、助けをよびます。
「わー！」「きゃー！」とさけぶだけだと、
はしゃいでいるとかんちがいされることも
あるので、ことばでつたえられると
よいでしょう。

ぼうはんブザーもやくに立つよ！
助けをよびたいのに、うまく声が出せないときは、
ぼうはんブザーを鳴らしましょう。

をもとめよう！

けいたい電話があるときは…

けいさつやしょうぼうに
つうほうしよう！

けいたい電話をもっていたら、
けいさつやしょうぼうにつうほうしましょう。
もっていなければ、だれかにたのんで
つうほうしてもらったり、
公衆電話からつうほうしたりします。

何番に電話すればいい？

けいさつにつうほうするには　1 1 0 番

たとえばこんなとき
- じけんをもくげきした！
- こうつうじこを見た！
- あやしい人においかけられた！

しょうぼうにつうほうするには　1 1 9 番

たとえばこんなとき
- ケガをした人やぐあいがわるくなった
  人がいて、きゅうきゅう車をよびたい！
- かじがはっせいしたので、
  しょうぼう車をよびたい！

さくいん

監修 佐藤 健 さとう・たけし

（東北大学災害科学国際研究所
防災実践推進部門 防災教育実践学分野・教授）

工学（都市・建築学）に軸足を置きながら防災・減災研究に取り組み、教育学や社会学、経済学、理学、医学などとの学際融合による新しい研究成果の創造と、その社会実装による減災社会の構築を目指している。また、東日本大震災の被災地の復興に関しては、学校の防災管理や子どもたちの防災教育を推進するための教育現場に対する支援も行っている。

編著 WILLこども知育研究所

幼児・児童向けの知育教材の企画・開発・編集を行う。おもな編著に、『知らなかった！ おなかのなかの赤ちゃん図鑑』（岩崎書店）、『語りつぎお話絵本3月11日（全8巻）』（学研プラス）、『むかしからつたわる遊び（全5巻）』（金の星社）、『身近で取り組むSDGs（全3巻）』（フレーベル館）、『医療・福祉の仕事 見る知るシリーズ（全25巻）』（保育社）、『調べてまとめる！ 仕事のくふう（全5巻）』（ポプラ社）など多数。

監修	佐藤 健
編著	WILLこども知育研究所
撮影	田辺エリ
取材	清水理絵（WILL）
DTP	小林真美（WILL）、清水理絵（WILL）
イラスト	池田蔵人、斉藤ヨーコ
デザイン	鷹觜麻衣子
装丁	パパスファクトリー
校正	村井みちよ

協力
（掲載順）

東日本電信電話株式会社　　日本光電工業株式会社　　那珂川町立小川小学校
久御山町消防本部　　　　　千葉市消防局　　　　　　東日本旅客鉄道株式会社
京王電鉄株式会社　　　　　いすゞ自動車株式会社　　東日本高速道路株式会社
株式会社デビカ

写真提供　PIXTA

こどものためのもしもマニュアル
「きんきゅうじたいにつかうもの」がわかる本
②町の中 編

発行者	鈴木博喜
編集	大嶋奈穂
発行所	株式会社　理論社
	〒101-0062　東京都千代田区神田駿河台2-5
	電話　営業 03-6264-8890
	編集 03-6264-8891
	URL　https://www.rironsha.com

2024年1月初版　2024年1月第1刷発行

印刷・製本　図書印刷　上製加工本

©2024 WILL , Printed in Japan
ISBN 978-4-652-20590-7　NDC369　B5判　40p